AF219230

Impressum
Verlag: BABADADA GmbH, Nedderfeld 112 , 22529 Hamburg
Geschäftsführer / Verlagsleitung: Harald Hof
Druck: Books on Demand GmbH, In de Tarpen 42, 22848 Norderstedt

Imprint
Publisher: BABADADA GmbH, Nedderfeld 112 , 22529 Hamburg, Germany
Managing Director / Publishing direction: Harald Hof
Print: Books on Demand GmbH, In de Tarpen 42, 22848 Norderstedt, Germany

1

de School

Szkoła

de Klassenstuuv
Sala lekcyjna

delen
dzielić

186/2

de Tafel
Tablica

de Schoolhoff
Dziedziniec szkolny

de Schoolmeester
Nauczyciel

dat Papeer
Papier

schrieven
pisać

de Sticken
Pisak

de Schrievdisch
Biurko

dat Lienholt
Liniał

dat Book
Książka

de Schöler
Uczeń

de Ranzel

Plecak szkolny

de Feddermapp

Piórnik

de Bleesticken

Ołówek

de Scharpmaker

Temperówka

dat Radeergummi

Gumka do mazania

de Tekenblock

Blok rysunkowy

de Teken

Rysunek

de Pinsel

Pędzel

de Malkassen

Pudełko z akwarelami

de Scheer

Nożyce

de Klever

Klej

dat Heft to'n Öven

Książka do ćwiczenia

de Huusopgaav

Zadanie domowe

de Tall

Liczba

2+2

tohooptellen

dodawać

5-2

aftrecken

odejmować

malnehmen

mnożyć

reken

liczyć

A

de Bookstaav

Litera

dat ABC

Alfabet

dat Woort

Słowo

de Text

Tekst

lesen

czytać

de Kried

Kreda

de Stunn

Godzina

dat Klassenbook

Dziennik lekcyjny

de Pröven

Egzamin

dat Tüügnis

Świadectwo

de Schooluniform

Mundurek szkolny

de Utbillen

Wykształcenie

dat Nakieksel

Leksykon

de Universität

Uniwersytet

dat Mikroskop

Mikroskop

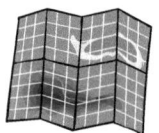

de Koort

Mapa

de Papeerkorf

Kosz na odpadki

de Törn
Podróż

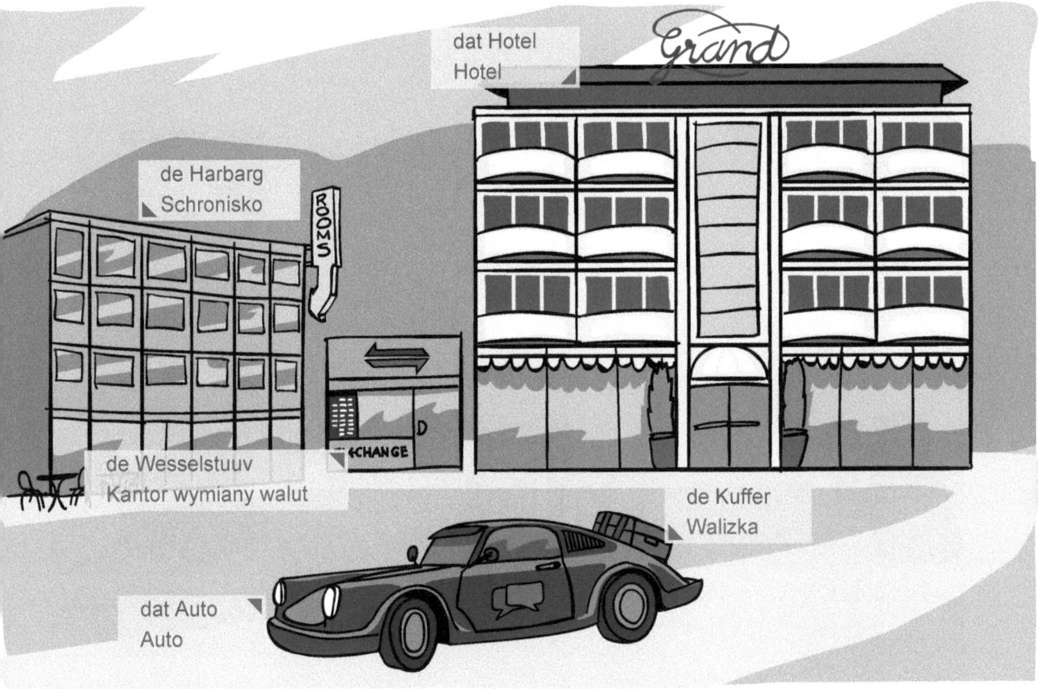
dat Hotel
Hotel
Grand
de Harbarg
Schronisko
ROOMS
de Wesselstuuv
Kantor wymiany walut
CHANGE
de Kuffer
Walizka
dat Auto
Auto

de Spraak

Język

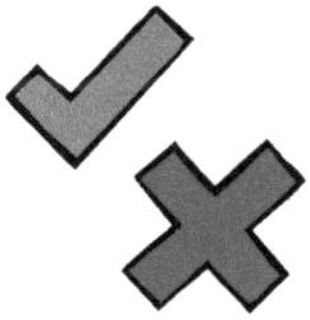

jo / ne

tak / nie

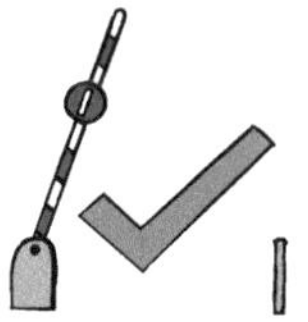

Jo

OK

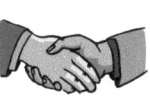

Moin

Halo

de Översetter

Tłumacz

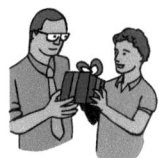

Dank ok

Dziękuję

Wat kost...?

Ile kosztuje ...?

Ik verstah nich

Nie rozumiem

dat Problem

Problem

Goden Avend

Dobry wieczór!

Moin!

Dzień dobry!

Gode Nacht!

Dobranoc!

Tschüüs

Do widzenia

de Richt

Kierunek

de Bagaasch

Bagaż

de Tasch

Torba

de Rüchsack

Plecak

de Gast

Gość

de Stuuv

Pokój

de Slaapsack

Śpiwór

dat Telt

Namiot

de Touristeninformatschoon

Informacja turystyczna

de Strand

Plaża

de Kreditkoort

Karta kredytowa

dat Fröhstück

Śniadanie

dat Meddageten

Obiad

dat Avendeten

Kolacja

de Fohrkort

Bilet

de Fohrstohl

Winda

de Breefmark

Znaczek na list

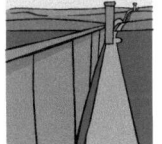

de Grenz

Granica

de Toll

Cło

de Bottschop

Ambasada

dat Visum

Wiza

de Pass

Paszport

de Transport
Transport

de Fleger
Samolot

dat Schipp
Statek

dat Füerwehrauto
Pojazd straży pożarnej

de Lastwagen
Samochód ciężarowy

de Autobus
Autobus

dat Motoorboot
Łódź motorowa

dat Fohrrad
Rower

dat Auto
Auto

de Fähr

Prom

dat Boot

Łódź

dat Motoorrad

Motocykl

dat Polizeiauto

Radiowóz policyjny

dat Rönnauto

Samochód wyścigowy

de Lehnwagen

Samochód wypożyczony

dat Carsharing

Wspólne przejazdy
samochodem

de Afsleepwagen

Samochód pomocy
drogowej

dat Müllauto

Śmieciarka

de Motoor

Silnik

de Kraftstoff

Benzyna

de Tanksteed

Stacja benzynowa

dat Verkehrsschild

Znak drogowy

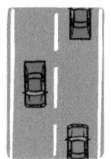

de Verkehr

Ruch

de Stau

Korek

de Afstellplatz

Parking

de Bahnhoff

Dworzec

de Sporen

Szyny

de Tog

Pociąg

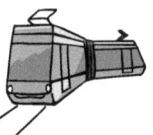

de Stratenbahn

Tramwaj

de Wagon

Wagon

de Dwarsmöhl

Helikopter

de Flooghaven

Lotnisko

de Tower

Wieża

de Fohrgast

Pasażer

de Grootkist

Kontener

de Karton

Karton

de Koor

Taczka

de Korf

Kosz

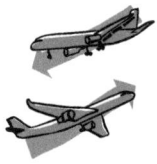

starten / lannen

startować / lądować

de Stadt

Miasto

dat Dörp

Wieś

de Binnenstadt

Centrum miasta

dat Huus

Dom

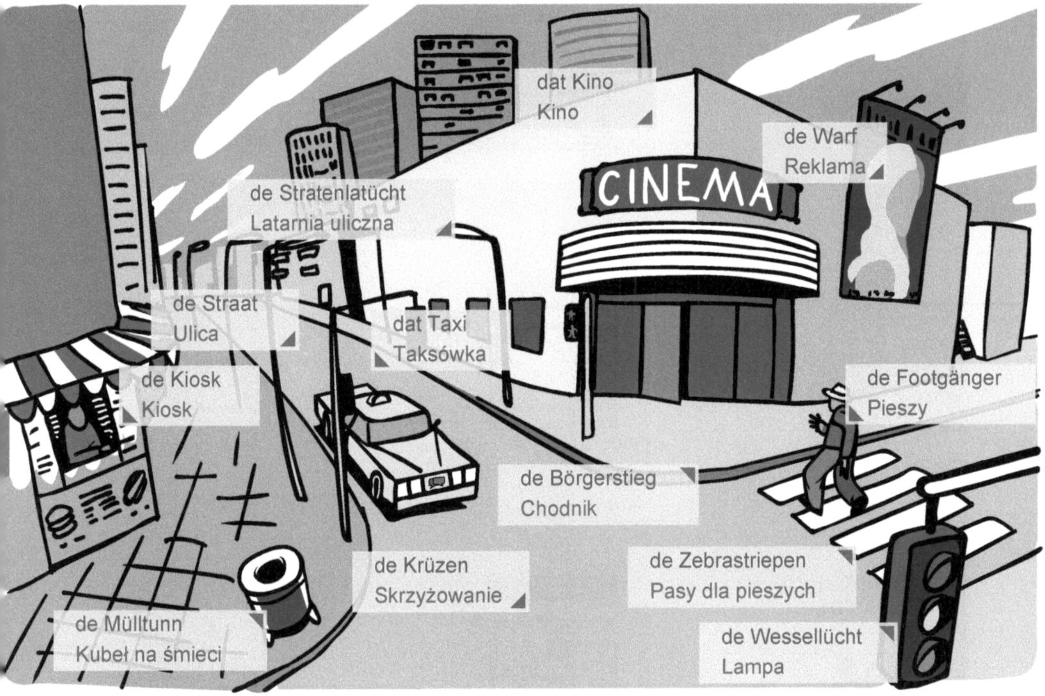

dat Kino
Kino

de Warf
Reklama

de Stratenlatücht
Latarnia uliczna

de Straat
Ulica

dat Taxi
Taksówka

de Kiosk
Kiosk

de Footgänger
Pieszy

de Börgerstieg
Chodnik

de Krüzen
Skrzyżowanie

de Zebrastriepen
Pasy dla pieszych

de Mülltunn
Kubeł na śmieci

de Wessellücht
Lampa

de Hütt
Chata

de Wahnung
Mieszkanie

de Bahnhoff
Dworzec

dat Raathuus
Ratusz

dat Museum
Muzeum

de School
Szkoła

de Stadt - Miasto

11

de Universität

Uniwersytet

de Bank

Bank

dat Krankenhuus

Szpital

dat Hotel

Hotel

de Afteek

Apteka

dat Büro

Biuro

de Bookhökerie

Księgarnia

de Hökerie

Sklep

de Blomenhökerie

Kwiaciarnia

de Supermarkt

Supermarket

de Markt

Rynek

dat Koophuus

Dom towarowy

de Fischhökerie

Sklep z rybami

dat Inkoopszentrum

Centrum handlowe

de Haven

Port

de Parkanlaag

Park

de Bank

Ławka

de Brüch

Most

de Trepp

Schody

de Ünnergrundbahn

Metro

de Tunnel

Tunel

de Busstoppsteed

Przystanek autobusowy

de Bar

Bar

dat Spieslokal

Restauracja

de Breefkassen

Skrzynka na listy

dat Stratenschild

Tabliczka z nazwą ulicy

de Parkklock

Parkometr

de Deertenpark

Zoo

de Baadanstalt

Łaźnia

de Moschee

Meczet

de Stadt - Miasto

13

de Buernhoff

Gospodarstwo chłopskie

de Ümweltversmudden

Zanieczyszczenie
środowiska

de Karkhoff

Cmentarz

de Kark

Kościół

de Speelplatz

Plac zabaw

de Tempel

Świątynia

de Landschop
Krajobraz

dat Blatt
Liść

de Wiespahl
Drogowskaz

de Weg
Droga

de Wisch
Łąka

de Steen
Kamień

de Boom
Drzewo

de Wannerer
Wędrowiec

de Fluss
Rzeka

dat Gras
Trawa

de Bloom
Kwiat

14   de Landschop - Krajobraz

dat Daal

Dolina

de Barg

Góra

de See

Jezioro

dat Holt

Las

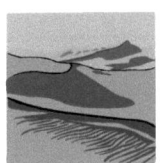

de Wööst

Pustynia

de Füerspien Barg

Wulkan

dat Slott

Zamek

de Regenbagen

Tęcza

de Poggenstohl

Grzyb

de Palm

Palma

de Steekmück

Komar

de Fleeg

Mucha

de Miegeemk

Mrówka

de Imm

Pszczoła

de Spinn

Pająk

de Sebber

Chrząszcz

de Pogg

Żaba

de Katteker

Wiewiórka

de Swienegel

Jeż

de Haas

Zając

de Uul

Sowa

de Vagel

Ptak

de Swaan

Łabędź

dat Wildswien

Dzik

de Hirsch

Jeleń

de Elk

Łoś

de Staudamm

Tama

dat Windrad

Wiatrak

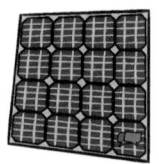

dat Solarmodul

Moduł solarny

dat Klima

Klimat

dat Spieslokal
Restauracja

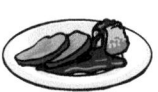

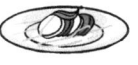

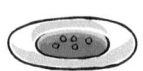

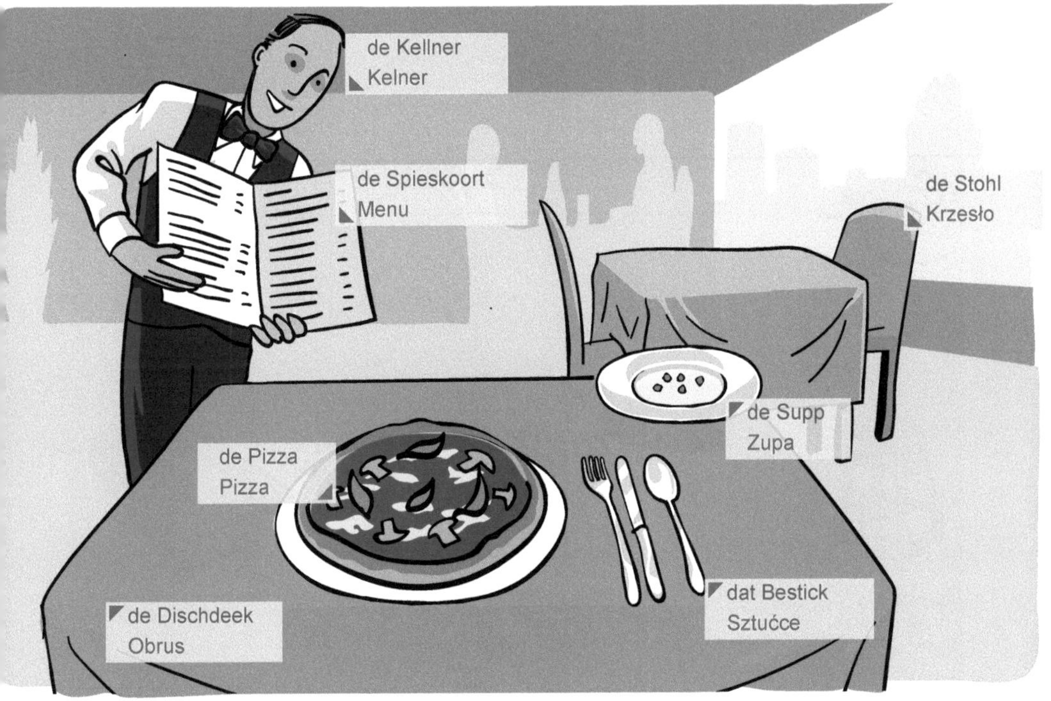
de Kellner
Kelner
de Spieskoort
Menu
de Stohl
Krzesło
de Supp
Zupa
de Pizza
Pizza
dat Bestick
Sztućce
de Dischdeek
Obrus

de Vörspies

Przystawka

dat Haupteten

Danie główne

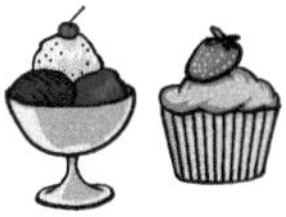

de Nadisch

Deser

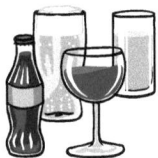

de Drünk

Napoje

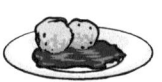

dat Eten

Jedzenie

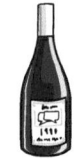

de Buddel

Butelka

dat Fastfood

Fastfood

dat Strateneten

Streetfood

de Teekann

Dzbanek na herbatę

de Zuckerdoos

Cukierniczka

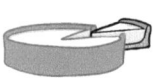

de Portschoon

Porcja

de Espressomaschien

Zaparzarka do espresso

de Hoochstohl

Krzesło dla dziecka

de Reken

Rachunek

dat Tablett

Taca

dat Mess

Nóż

de Gavel

Widelec

de Lepel

Łyżka

de Teelepel

Łyżeczka

dat Munddook

Serwetka

dat Glas

Szklanka

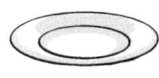

de Töller

Talerz

de Suppentöller

Talerz do zupy

de Ünnertass

Podstawek pod filiżankę

de Sooß

Sos

de Soltstreuer

Solniczka

de Pepermöhl

Młynek do pieprzu

de Etig

Ocet

dat Ööl

Olej

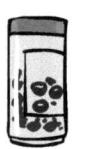

de Krüder

Przyprawy

de Ketchup

Keczup

de Mostrich

Musztarda

de Mayonnaise

Majonez

de Supermarkt
Supermarket

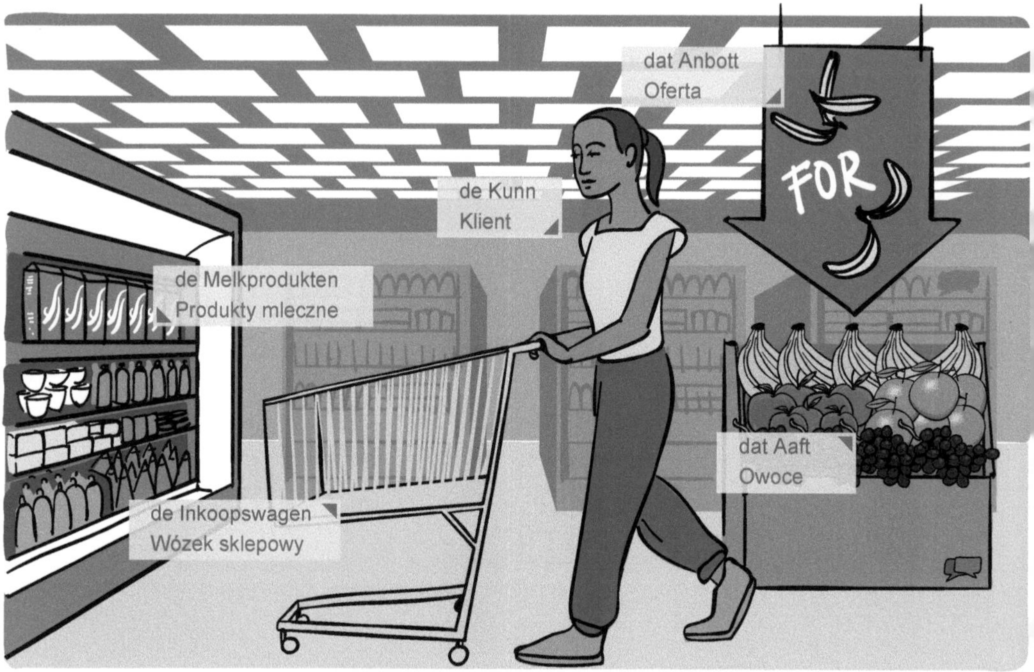

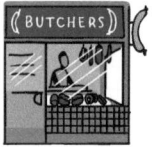

dat Anbott
Oferta
FOR
de Kunn
Klient
de Melkprodukten
Produkty mleczne
dat Aaft
Owoce
de Inkoopswagen
Wózek sklepowy

BUTCHERS

de Slachterie

Rzeźnia

BAKERY

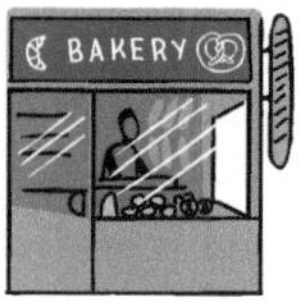

de Bäckerie

Piekarnia

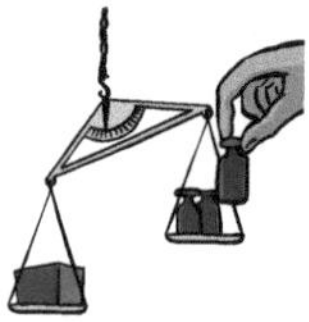

wegen

ważyć

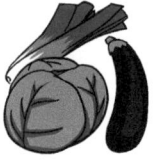

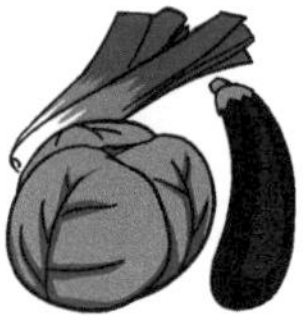

de Gröönsaken

Warzywa

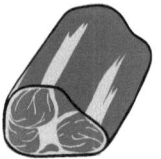

dat Fleesch

Mięso

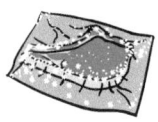

de Deepköhlkost

Mrożonki

de Opsnitt

Wędliny

de Konserven

Konserwy

de Waschmiddel

Proszek m do prania

de Snoopkraam

Słodycze

de Huushooltssaken

Artykuły użytku domowego

de Reinmaaktüüch

Środek czyszczący

de Verköpersche

Sprzedawczyni

de Kass

Kasa

de Kasserer

Kasjer

de Inkoopslist

Lista zakupów

de Opsparrtieden

Godziny otwarcia

de Breeftasch

Portfel

de Kreditkoort

Karta kredytowa

de Tasch

Torba

de Plastiktüüt

Torebka plastikowa

dat Water

Woda

de Saft

Sok

de Melk

Mleko

de Cola

Cola

de Wien

Wino

dat Beer

Piwo

de Spriet

Alkohol

de Kakao

Kakao

de Tee

Herbata

de Koffie

Kawa

de Espresso

Espresso

de Cappucino

Cappuccino

de Banaan

Banan

de Appel

Jabłko

de Appelsien

Pomarańcza

de Meloon

Arbuz

de Zitroon

Cytryna

de Wöttel

Marchew

de Knuuvlook

Czosnek

de Bambus

Bambus

de Zibbel

Cebula

de Poggenstohl

Grzyb

de Nööt

Orzechy

de Nudeln

Makaron

de Spaghetti

Spaghetti

de Ries

Ryż

de Salat

Sałatka

de Pommes frites

Frytki

de Braadkantüffeln

Ziemniaki pieczone

de Pizza

Pizza

de Hamborger

Hamburger

dat Sandwich

Kanapka

dat Snitzel

Sznycel

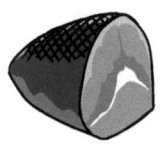

de Schinken

Szynka

de Salami

Salami

de Wust

Kiełbasa

dat Hohn

Kura

de Braden

Pieczeń

de Fisch

Ryba

de Haverflocken

Płatki owsiane

dat Müsli

Musli

de Cornflakes

Płatki kukurydziane

dat Mehl

Mąka

de Croissant

Croissant

dat Rundstück

Bułka

dat Broot

Chleb

dat Toast

Toast

de Keksen

Ciastka

de Botter

Masło

de Quark

Twarożek

de Koken

Ciasto

dat Ei

Jajko

dat Spegelei

Jajko sadzone

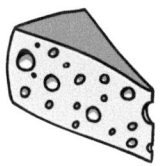

de Kees

Ser

de Ies

Lody

de Zucker

Cukier

de Honnig

Miód

de Marmelaad

Marmolada

de Nougat-Creme

Krem nugatowy

dat Curry

Curry

de Buernhoff
Gospodarstwo chłopskie

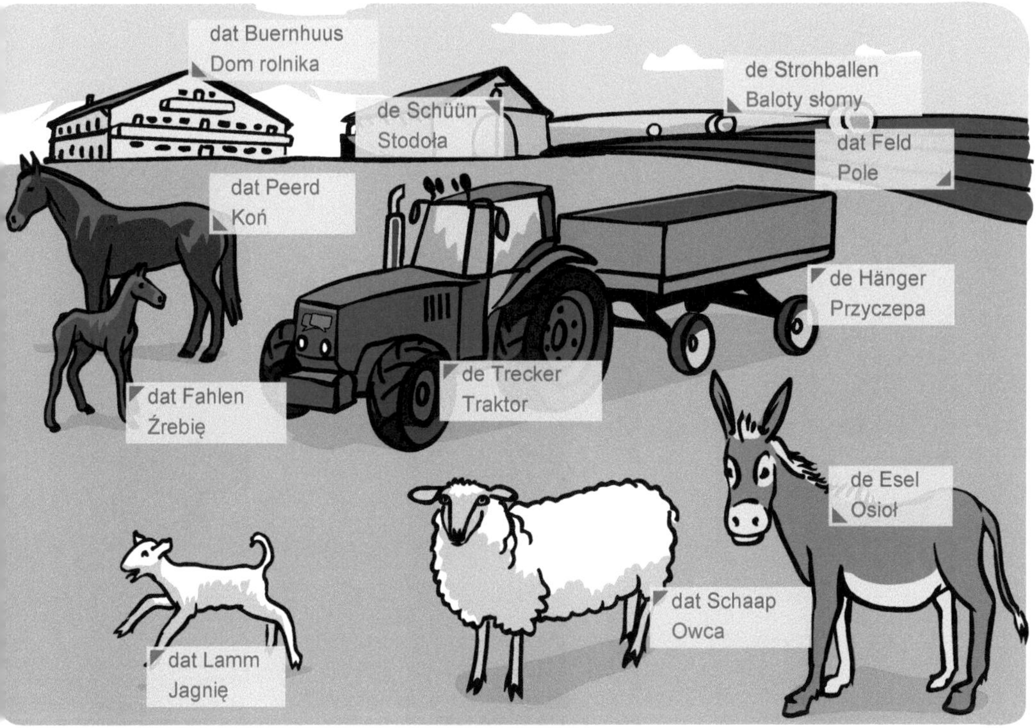

dat Buernhuus
Dom rolnika
de Strohballen
Baloty słomy
de Schüün
Stodoła
dat Feld
Pole
dat Peerd
Koń
de Hänger
Przyczepa
de Trecker
Traktor
dat Fahlen
Źrebię
de Esel
Osioł
dat Schaap
Owca
dat Lamm
Jagnię

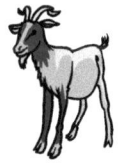

de Zeeg

Koza

de Koh

Krowa

dat Kalf

Cielę

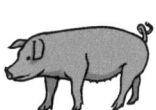

dat Swien

Świnia

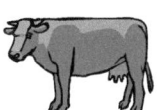

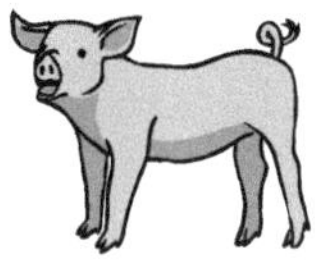

dat Farken

Prosię

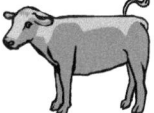

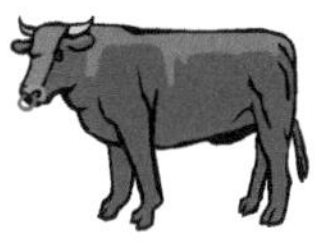

de Bull

Byk

de Goos

Gęś

de Aant

Kaczka

dat Küken

Kurczątko

dat Hohn

Kura

de Hahn

Kogut

de Rott

Szczur

de Katt

Kot

de Muus

Mysz

de Oss

Osioł

de Hund

Pies

de Hunnenhütt

Buda dla psa

de Goornslauch

Wąż ogrodowy

de Geetkann

Konewka

de Lee

Kosa

de Ploog

Pług

de Sich

Sierp

de Hack

Graca

de Mestfork

Widły

de Ext

Siekiera

de Schuufkoor

Taczka

de Trog

Koryto

de Melkkann

Kanka na mleko

de Sack

Worek

de Tuun

Płot

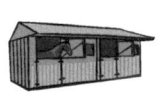

de Stall

Stajnia

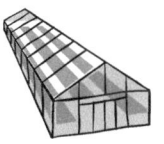

dat Drievhuus

Szklarnia

de Bodden

Ziemia

de Saat

Nasiona

de Dünger

Nawóz

de Meihdöscher

Kombajn zbożowy

oornen

zbierać

de Oorn

Żniwa

de Yamswöttel

Podchrzyn

de Weten

Pszenica

dat Soja

Soja

de Kantüffel

Ziemniak

de Törksche Weten

Kukurydza

de Rapp

Rzepak

de Aaftboom

Drzewo owocowe

de Troopsch Kantüffel

Maniok

dat Koorn

Zboże

dat Huus
Dom

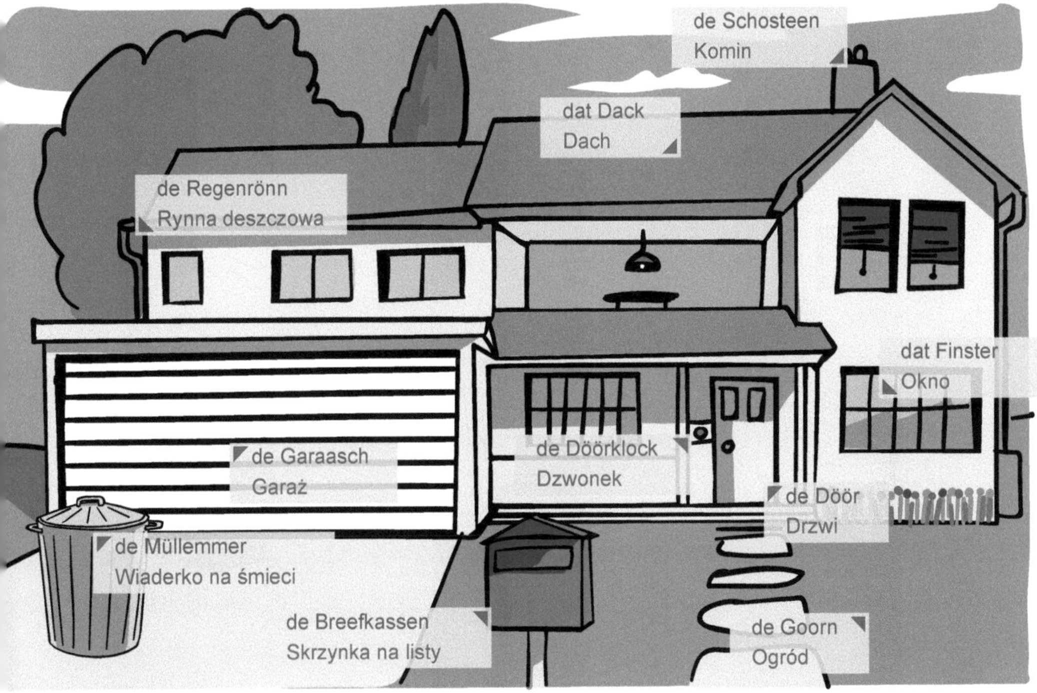
de Schosteen
Komin
dat Dack
Dach
de Regenrönn
Rynna deszczowa
dat Finster
Okno
de Garaasch
Garaż
de Döörklock
Dzwonek
de Döör
Drzwi
de Müllemmer
Wiaderko na śmieci
de Breefkassen
Skrzynka na listy
de Goorn
Ogród

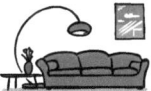

de Wahnstuuv

Pokój dzienny

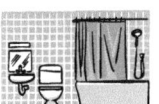

de Baadstuuv

Łazienka

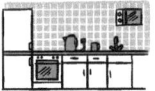

de Köök

Kuchnia

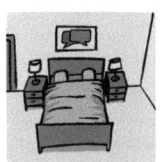

de Slaapstuuv

Sypialnia

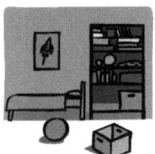

de Kinnerstuuv

Pokój dziecięcy

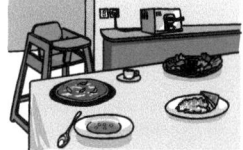

de Eetstuuv

Jadalnia

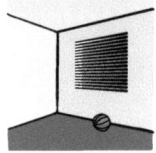

de Footbodden

Ziemia

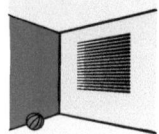

de Wand

Ściana

de Deek

Koc

de Keller

Piwnica

dat Hittluftbad

Sauna

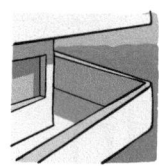

de Balkon

Balkon

de Terrass

Taras

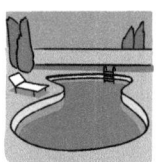

dat Swümmbad

Basen

de Rasenmeiher

Kosiarka do trawy

de Bettbetog

Poszwa

de Bettdeek

Kołdra

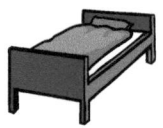

de Puuch

Łóżko

de Bessen

Miotła

de Emmer

Wiadro

de Schalter

Włącznik

de Wahnstuuv
Pokój dzienny

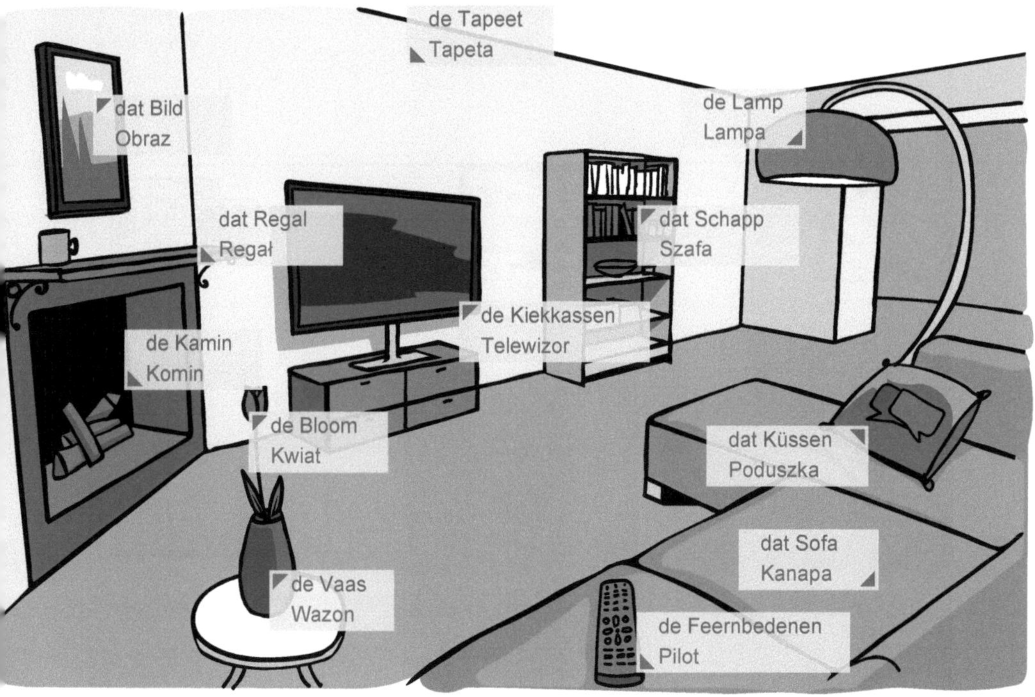
de Tapeet
Tapeta
dat Bild
Obraz
de Lamp
Lampa
dat Regal
Regał
dat Schapp
Szafa
de Kiekkassen
Telewizor
de Kamin
Komin
de Bloom
Kwiat
dat Küssen
Poduszka
dat Sofa
Kanapa
de Vaas
Wazon
de Feernbedenen
Pilot

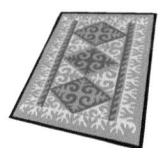

de Teppich

Dywan

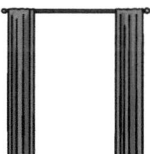

de Vörhang

Zasłona

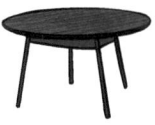

de Disch

Stół

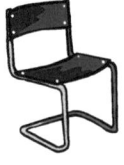

de Stohl

Krzesło

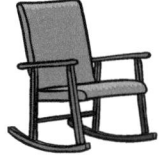

de Schuckelstohl

Bujak

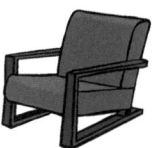

de Sessel

Fotel

dat Book

Książka

de Deek

Sufit

de Dekoratschoon

Dekoracja

dat Füerholt

Drewno kominkowe

de Film

Film

de Stereoanlaag

Instalacja stereo

de Slötel

Klucz

dat Narichtenblatt

Gazeta

dat Gemälde

Malunek

dat Poster

Plakat

dat Radio

Radio

de Opschrievblock

Notatnik

de Huulbessen

Odkurzacz

de Kaktus

Kaktus

de Kars

Świeczka

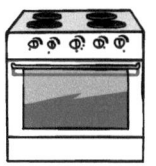

de Köök
Kuchnia

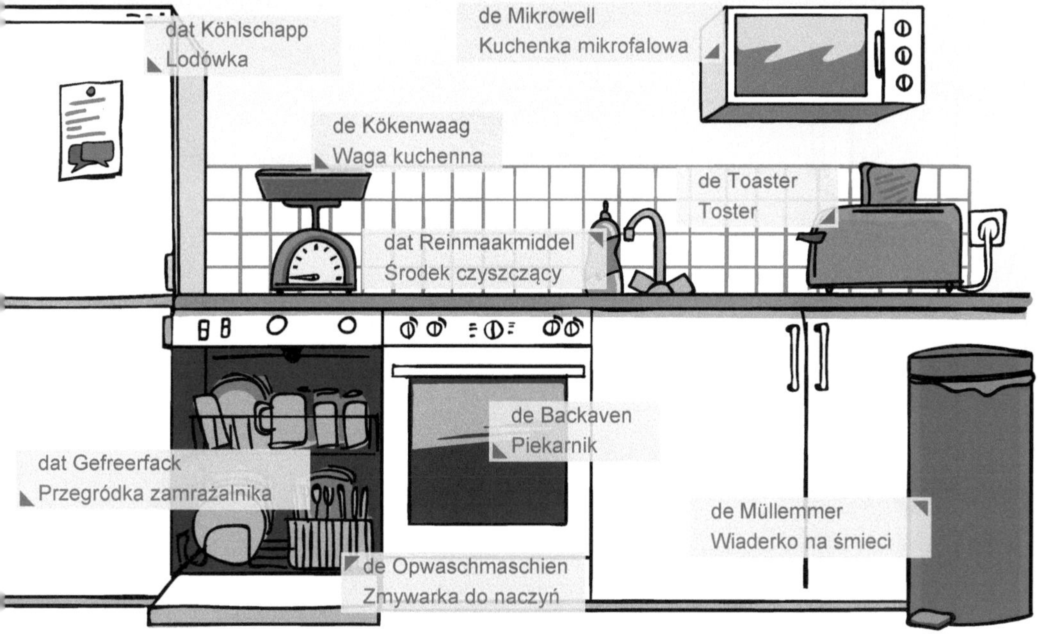
dat Köhlschapp
Lodówka
de Mikrowell
Kuchenka mikrofalowa
de Kökenwaag
Waga kuchenna
de Toaster
Toster
dat Reinmaakmiddel
Środek czyszczący
de Backaven
Piekarnik
dat Gefreerfack
Przegródka zamrażalnika
de Müllemmer
Wiaderko na śmieci
de Opwaschmaschien
Zmywarka do naczyń

de Heerd
Kuchenka

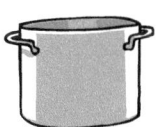

de Pott
Garnek

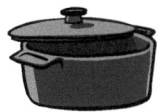

de Gussiesern Putt
Kocioł żeliwny

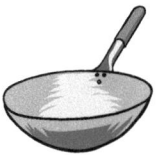

de Wok / Kadai
Wok / Kadai

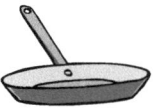

de Pann
Patelnia

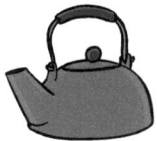

de Waterkaker
Czajnik

de Dampkaakputt

Parowar

dat Backblick

Blacha do pieczenia

dat Geschirr

Naczynia kuchenne

de Beker

Kubek

de Schaal

Miska

de Eetsticken

Pałeczki

de Suppenkell

Nabierka

de Pannenwenner

Łopatka do smażenia

de Sneebessen

Trzepaczka do śmietany

dat Kaakseef

Cedzak

dat Seef

Sitko

de Riev

Tarka

de Mörser

Moździerz

de Grill

Grillowanie

de Füerstell

Palenisko

dat Sniedbrett

Deska

dat Nudelholt

Wałek do ciasta

de Proppentrecker

Korkociąg

de Doos

Puszka

de Dosenaapner

Otwieracz do puszek

de Pottlappen

Ściereczka do trzymania garnka

dat Waschbecken

Umywalka

de Böst

Szczotka

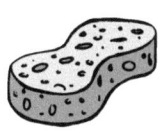

de Swamm

Gąbka

de Mixer

Mikser

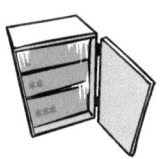

dat Iesschapp

Zamrażarka

de Nuckelbuddel

Butelka dla niemowlęcia

de Waterhahn

Kran

de Baadstuuv
Łazienka

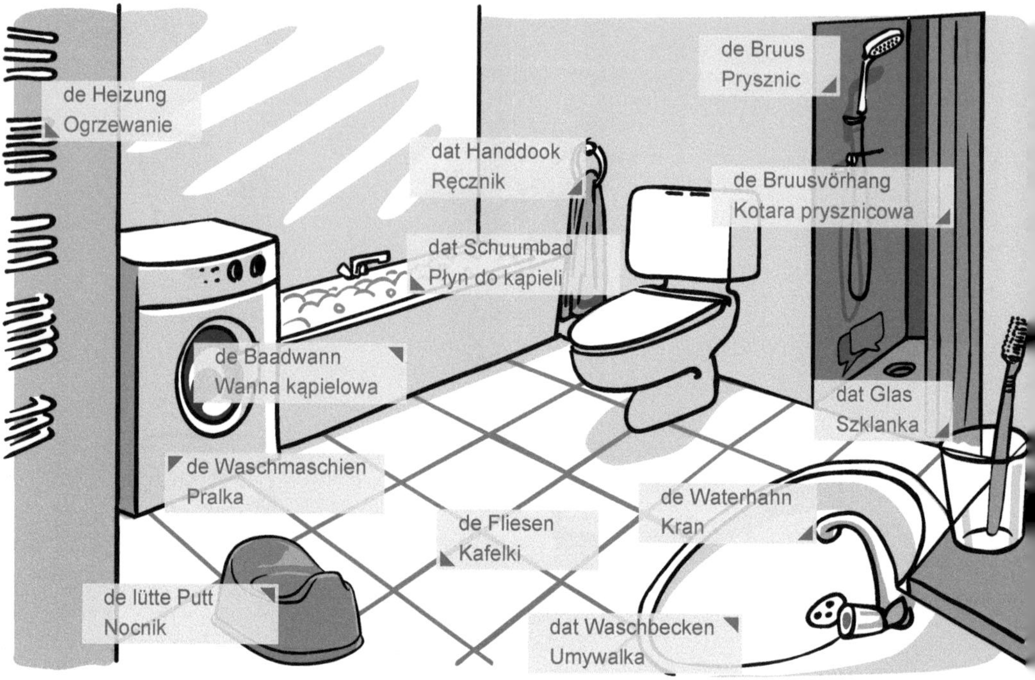

de Heizung
Ogrzewanie

de Bruus
Prysznic

dat Handdook
Ręcznik

de Bruusvörhang
Kotara prysznicowa

dat Schuumbad
Płyn do kąpieli

de Baadwann
Wanna kąpielowa

dat Glas
Szklanka

de Waschmaschien
Pralka

de Fliesen
Kafelki

de Waterhahn
Kran

de lütte Putt
Nocnik

dat Waschbecken
Umywalka

de Tante Meier
Toaleta

de Hockklo
Toaleta kuczna

dat Bidet
Bidet

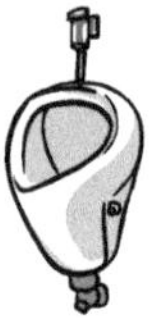

dat Miegbecken
Pisuar

dat Klopapeer
Papier toaletowy

de Kloböst
Szczotka toaletowa

de Tähnböst

Szczoteczka do zębów

de Tähnpast

Pasta do zębów

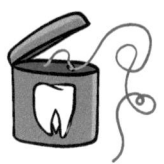

de Tähnsied

Nitki do czyszczenia zębów

waschen

myć

de Handbruus

Głowica prysznicowa

de Intimbruus

Płyn kąpielowy do higieny intymnej

de Waschschöttel

Miska do mycia

de Rüchböst

Szczotka kąpielowa

de Seep

Mydło

dat Bruusgeel

Żel prysznicowy

dat Hoorwaschmiddel

Szampon

de Waschlappen

Rękawica kąpielowa

de Afloop

Odpływ

de Creme

Krem

dat Deodorant

Dezodorant

de Spegel

Lustro

de Kosmetikspegel

Lustro kosmetyczne

de Raserer

Golarka

de Raseerschuum

Pianka do golenia

dat Raseerwater

Woda po goleniu

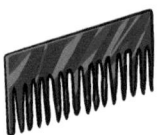

de Kamm

Grzebień

de Böst

Szczotka

de Hoordröger

Suszarka do włosów

dat Hoorspray

Spray do włosów

de Smink

Makijaż

de Lippensticken

Pomadka

de Nagellack

Lakier do paznokci

de Watt

Wata

de Nagelscheer

Nożyczki do paznokci

dat Rüükwater

Perfum

de Kulturbüdel

Kosmetyczka

de Schemel

Taboret

de Waag

Waga

de Baadmantel

Szlafrok kąpielowy

de Gummihanschen

Rękawice gumowe

de Tampon

Tampon

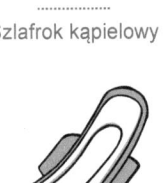

de Damenbinn

Podpaska damska

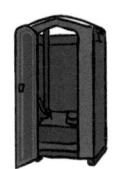

dat Chemieklo

Toaleta chemiczna

de Kinnerstuuv
Pokój dziecięcy

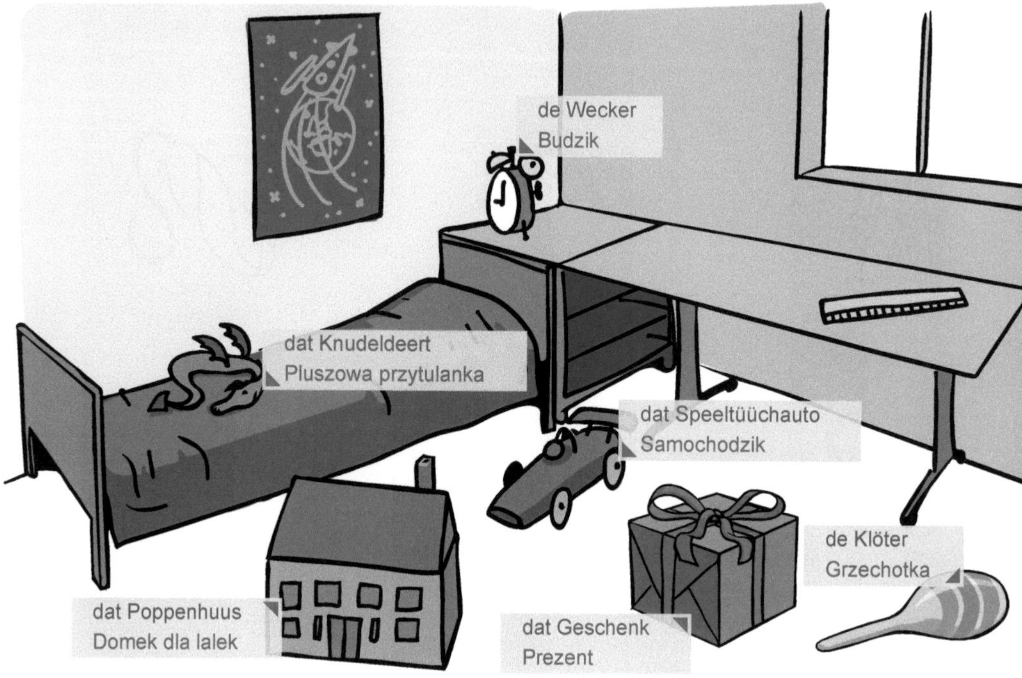

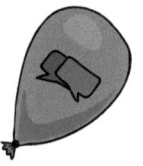

de Wecker
Budzik
dat Knudeldeert
Pluszowa przytulanka
dat Speeltüüchauto
Samochodzik
de Klöter
Grzechotka
dat Poppenhuus
Domek dla lalek
dat Geschenk
Prezent

de Luftballon

Balon

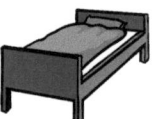

de Puuch

Łóżko

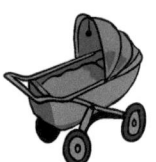

de Kinnerwagen

Wózek dziecięcy

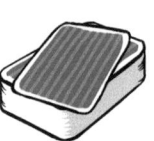

dat Koortenspeel

Gra w karty

dat Puzzle

Puzzle

SUPER
MEGA

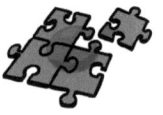

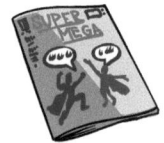

de Billergeschicht

Komiks

de Legostenen

Klocki lego

de Bustenen

Klocki

de Action-Figur

Action figura

de Strampelantog

Śpioszek dziecięcy

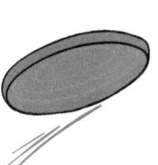

de Frisbeeschiev

Frisbee

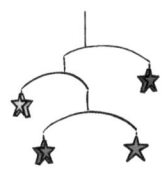

dat Mobile

Zabawki ruchome

dat Brettspeel

Gra planszowa

de Wörpel

Kości

de Modelliesenbahn

Kolejka elektryczna

de Snuller

Smoczek

de Party

Przyjęcie

dat Billerbook

Książka z ilustracjami

de Ball

Piłka

de Popp

Lalka

spelen

bawić się

de Sandkassen

Piaskownica

de Schuckel

Huśtawka

dat Speeltüüch

Zabawki

de Speelkonsool

Konsola do gier

dat Dreerad

Rowerek trójkołowy

de Teddyboor

Pluszowy miś

dat Klederschapp

Szafa ubraniowa

dat Tüüch

Ubiór

de Socken

Skarpety

de Strümp

Pończochy

de Strumpbüx

Rajstopy

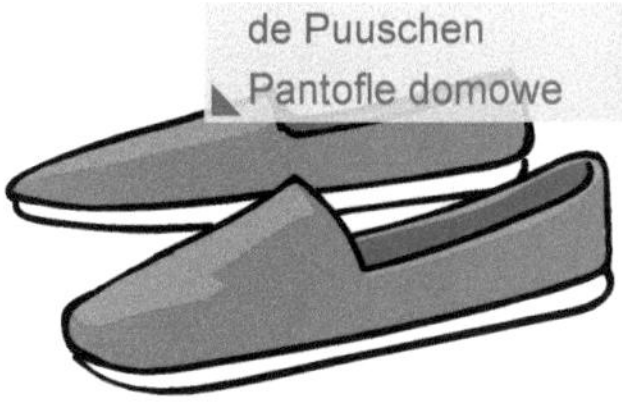

dat Halsdook
Szal

de Liefreem
Pasek

de Paraplü
Parasol

dat T-Shirt
T-Shirt

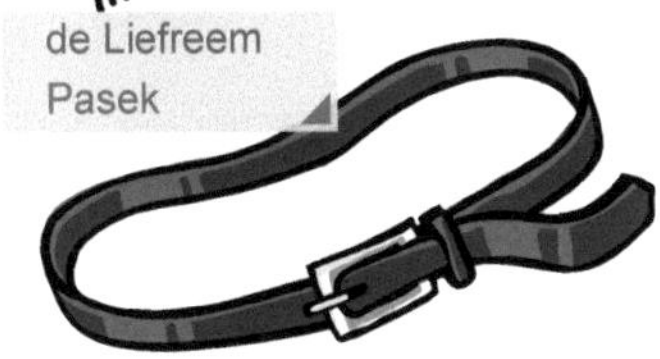

de Stevel
Kozaki

de Puuschen
Pantofle domowe

de Turnschoh
Obuwie sportowe

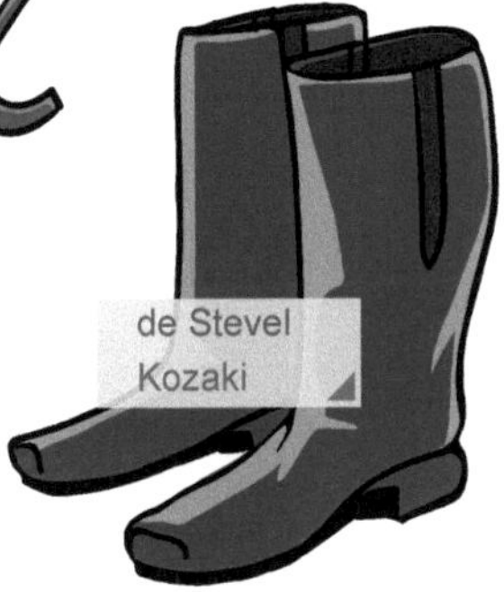

de Sandalen

Sandały

de Schoh

Buty

de Gummistevel

Kalosze

de Ünnerbüx

Majtki

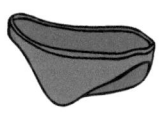

de Bostholler

Biustonosz

dat Ünnerhemd

Podkoszulek

de Lief

Body

de Büx

Spodnie

de Jeansnüx

Dżins

de Rock

Spódnica

de Bluus

Bluzka

dat Hemd

Koszula

de Pullover

Pulower

de Kapuzenpullover

Bluza sportowa

de Blazer

Marynarka

de Jack

Kurtka

de Mantel

Płaszcz

de Övertrecker

Płaszcz przeciwdeszczowy

dat Kostüm

Kostium

dat Kleed

Sukienka

dat Hochtietskleed

Suknia ślubna

de Antog

Garnitur męski

dat Nachtkleed

Koszula nocna

de Slaapantog

Piżama

de Sari

Sari

dat Koppdook

Chusta na głowę

de Turban

Turban

de Burka

Burka

de Kaftan

Kaftan

de Abaya

Abaya

de Baadantog

Strój kąpielowy

de Baadbüx

Kąpielówki

de Korte Büx

Krótkie spodnie

de Antog to'n Öven

Dres sportowy

de Schört

Fartuch

de Handschoh

Rękawiczki

de Knopp

Guzik

de Brill

Okulary

dat Armband

Bransoletka

de Halskeed

Łańcuszek

de Ring

Pierścionek

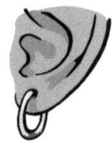

de Ohrbummel

Kolczyk

de Mütz

Czapka

de Klederbögel

Wieszak

de Hoot

Kapelusz

de Binner

Krawat

de Rietslüter

Zamek błyskawiczny

de Helm

Kask

dat Drachtband

Szelki

de Schooluniform

Mundurek szkolny

de Uniform

Mundur

dat Tüüch - Ubiór

de Severböten

Śliniaczek

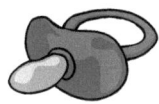

de Snuller

Smoczek

de Winnel

Pieluszka

dat Büro
Biuro

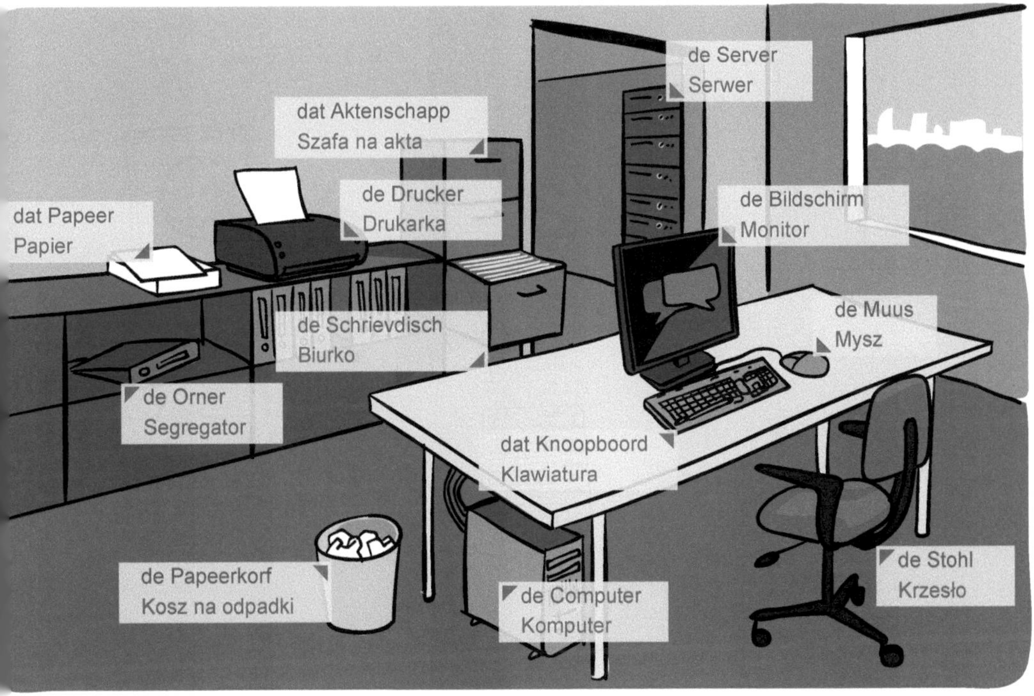

de Server
Serwer

dat Aktenschapp
Szafa na akta

de Drucker
Drukarka

dat Papeer
Papier

de Bildschirm
Monitor

de Schrievdisch
Biurko

de Muus
Mysz

de Orner
Segregator

dat Knoopboord
Klawiatura

de Papeerkorf
Kosz na odpadki

de Computer
Komputer

de Stohl
Krzesło

de Koffiebeker

Filiżanka do kawy

de Taschenreekner

Kalkulator

dat Internet

Internet

de Klappreekner

Laptop

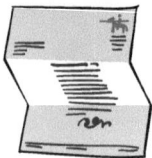

de Breef

List

de Naricht

Wiadomość

de Ackersnacker

Komórka

dat Nettwark

Sieć

de Kopeerapparat

Kopiarka

de Software

Oprogramowanie

de Klöönkassen

Telefon

de Steekdoos

Gniazdko

de Faxapparat

Faks

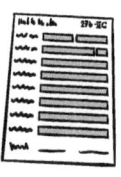

dat Formulor

Formularz

dat Dokument

Dokument

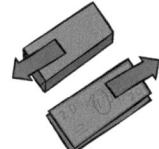

köpen

kupić

betahlen

płacić

hanneln

postępować

dat Geld

Pieniądze

de Dollar

Dolar

de Euro

Euro

de Yen

Jen

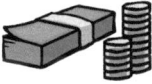

de Ruvel

Rubel

de Swiezer Franken

Frank

de Renminbi Yuan

Juan Renminbi

de Rupie

Rupia

de Geldautomat

Bankomat

de Wesselstuuv

Kantor wymiany walut

dat Gold

Złoto

dat Sülver

Srebro

dat Ööl

Olej

de Energie

Energia

de Pries

Cena

de Verdrag

Umowa

de Stüer

Podatek

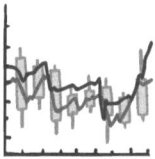

de Andeelschien

Akcja

arbeiden

pracować

de Anstellte

Pracownik umysłowy

de Arbeitgever

Pracodawca

de Fabrik

Fabryka

de Hökerie

Sklep

de Profeschonen
Zawody

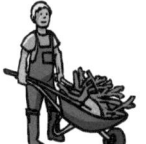

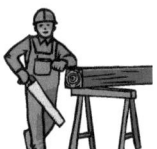

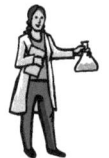

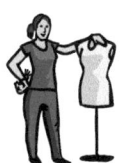

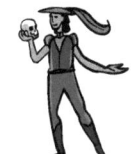

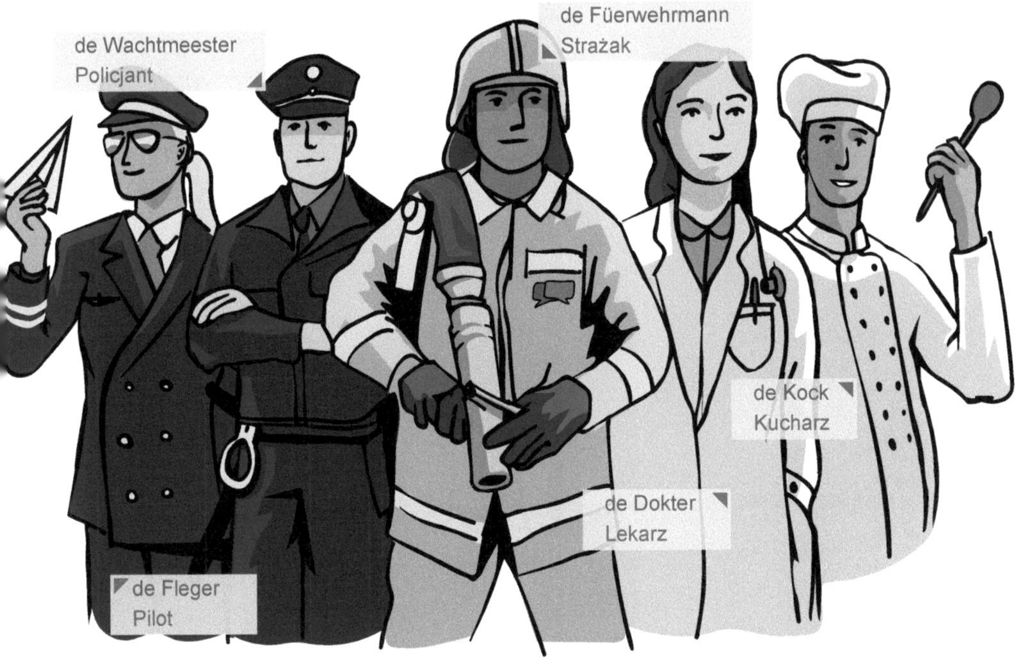

de Wachtmeester
Policjant
de Füerwehrmann
Strażak
de Kock
Kucharz
de Dokter
Lekarz
de Fleger
Pilot

de Goorner

Ogrodnik

de Discher

Stolarz

de Neihersche

Krawcowa

de Richter

Sędzia

de Chemiker

Chemik

de Schauspeler

Aktor

de Busfohrer

Kierowca autobusu

de Taxifohrer

Taksówkarz

de Fischer

Fischer

de Reinmaakfru

Sprzątaczka

de Dackdecker

Dekarz

de Kellner

Kelner

de Jäger

Myśliwy

de Maler

Malarz

de Bäcker

Piekarz

de Elektriker

Elektryk

de Buarbeider

Robotnik budowlany

de Ingenieur

Inżynier

de Slachter

Rzeźnik

de Klempner

Instalator

de Postbüdel

Listonosz

de Suldat

Żołnierz

de Architekt

Architekt

de Kasserer

Kasjer

de Florist

Florysta

de Putzbüdel

Fryzjer

de Schaffner

Konduktor

de Mechaniker

Mechanik

de Kaptein

Kapitan

de Tähndokter

Dentysta

de Wetenschopler

Naukowiec

de Rabbi

Rabin

de Imam

Imam

de Mönk

Mnich

de Paap

Proboszcz

dat Warktüüch

Narzędzia

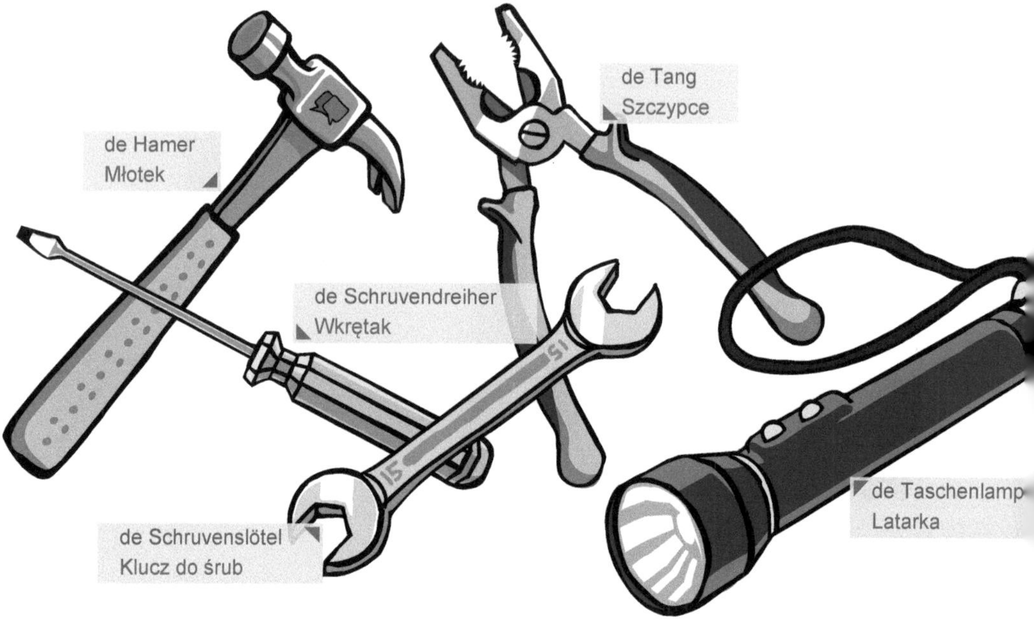
de Hamer
Młotek
de Tang
Szczypce
de Schruvendreiher
Wkrętak
de Schruvenslötel
Klucz do śrub
de Taschenlamp
Latarka

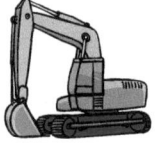

de Grieper

Koparka

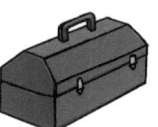

de Warktüüchkassen

Skrzynka narzędziowa

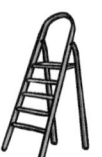

de Ledder

Drabina

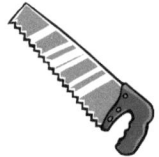

de Saag

Piła

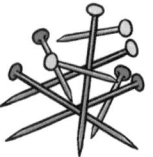

de Nagels

Gwoździe

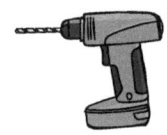

de Bohrer

Wiertło

heelmaken
....
naprawić

de Schüffel
....
Łopatka

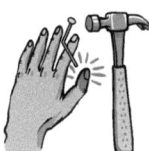

Schiet!
....
Cholera!

dat Kehrblick
....
Szufelka

de Farvpott
....
Puszka z farbą

de Schruven
....
Śruby

de Musikinstrumenten
Instrumenty muzyczne

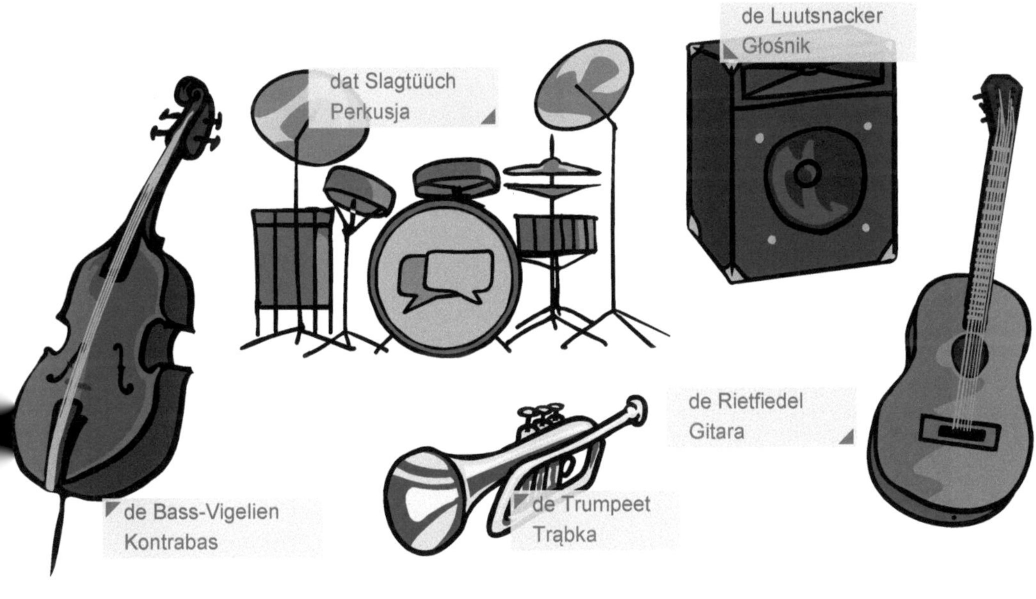

de Luutsnacker
Głośnik

dat Slagtüüch
Perkusja

de Rietfiedel
Gitara

de Bass-Vigelien
Kontrabas

de Trumpeet
Trąbka

dat Klaveer

Pianino

de Vigelien

Skrzypce

de Bass

Bas

de Pauk

Kotły

de Trummeln

Bęben

dat Keyboard

Keyboard

dat Saxophon

Saksofon

de Fleut

Flet

dat Mikrofoon

Mikrofon

de Deertenpark
Zoo

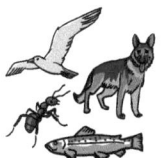

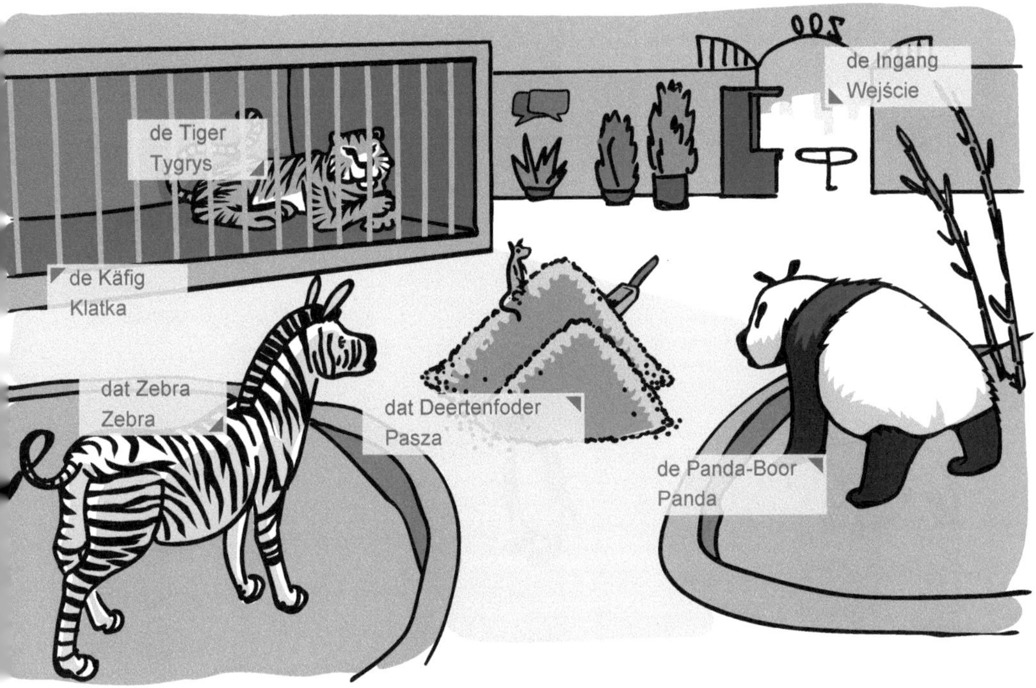
de Ingang
Wejście
de Tiger
Tygrys
de Käfig
Klatka
dat Zebra
Zebra
dat Deertenfoder
Pasza
de Panda-Boor
Panda

de Deerten
Zwierzęta

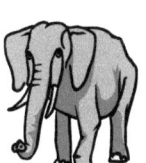

de Elefant
Słoń

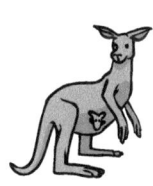

dat Känguru
Kangur

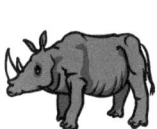

dat Neeshoorn
Nosorożec

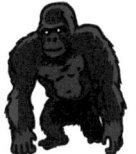

de Gorilla
Goryl

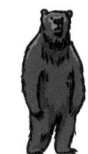

de Boor
Niedźwiedź

dat Kameel

Wielbłąd

de Struuß

Struś

de Lööv

Lew

de Aap

Małpa

de Flamingo

Fleming

de Papagoi

Papuga

de Iesboor

Niedźwiedź polarny

de Pinguin

Pingwin

de Haifisch

Rekin

de Pageluun

Paw

de Slang

Wąż

dat Krokodil

Krokodyl

de Oppasser in'n
Deertenpark
Dozorca w zoo

de Saalhund

Foka

de Jaguor

Jaguar

dat Pony

Kucyk

de Leopard

Gepard

dat Nilpeerd

Hipopotam

de Giraff

Żyrafa

de Aadler

Orzeł

dat Wildswien

Dzik

de Fisch

Ryba

de Schildkrööt

Żółw

dat Walross

Mors

de Voss

Lis

de Gazell

Gazela

de Sport
Sport

de Amerikaansch Football
Futbol amerykański

dat Radfohren
Kolarstwo

dat Tennis
Tenis

de Korfball
Koszykówka

dat Swümmen
Pływanie

dat Boxen
Boks

dat Ieshockey
Hokej na lodzie

de Football
....
Piłka nożna

dat Fedderball
....
Badminton

de Leichtathletik
....
Lekka atletyka

de Handball
....
Piłka ręczna

dat Skilopen
....
Narciarstwo

dat Polo
....
Polo

de Aktivitäten
Działania

lachen
śmiać się
springen
skakać
ümarmen
objąć
gahn
iść
singen
śpiewać
drömen
marzyć
beden
modlić się
snuteln
całować

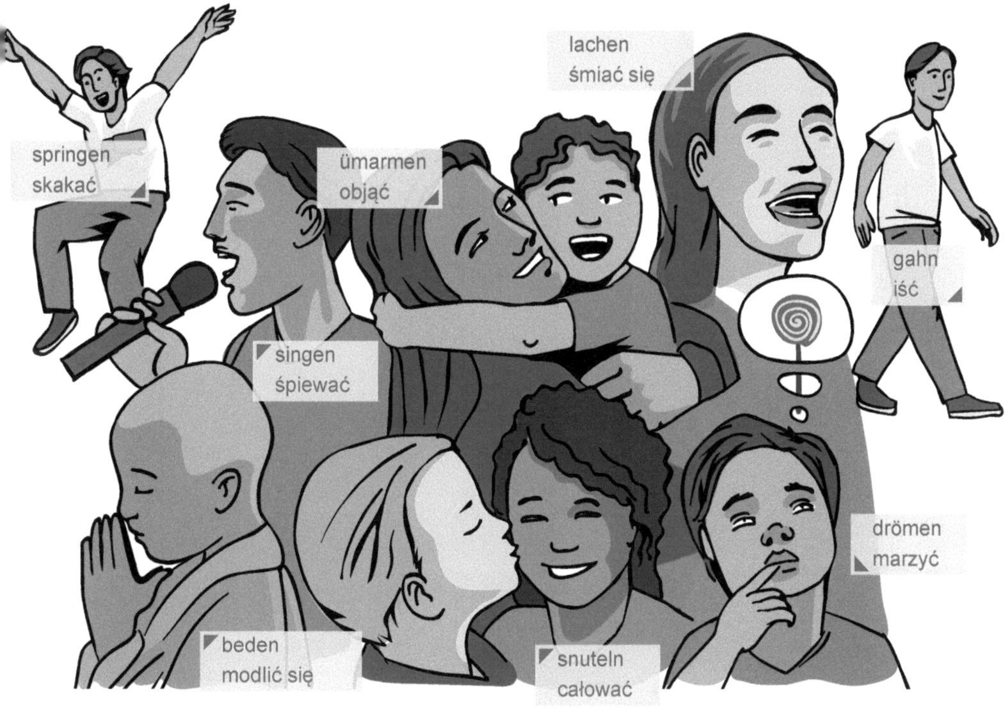

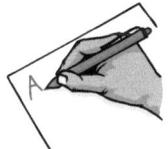

schrieven

pisać

teken

rysować

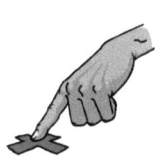

wiesen

pokazywać

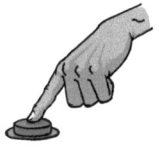

drücken

nacisnąć

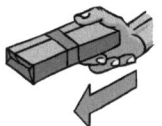

geven

dać

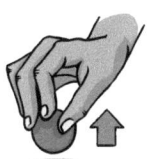

nehmen

wziąć

hebben

mieć

doon

robić

sien

być

stahn

stać

lopen

biegać

trecken

ciągnąć

smieten

rzucać

fallen

spaść

liggen

leżeć

töven

czekać

dregen

nosić

sitten

siedzieć

antrecken

zakładać

slapen

spać

opwaken

budzić się

ankieken

spojrzeć

wenen

płakać

eien

głaskać

kämmen

czesać się

snacken

mówić

verstahn

rozumieć

fragen

pytać

hören

słyszeć

drinken

pić

eten

jeść

oprümen

sprzątać

leefhebben

kochać

kaken

gotować

fohren

jechać

flegen

latać

segeln

żeglować

reken

liczyć

lesen

czytać

lehren

uczyć się

arbeiden

pracować

de Plünnen tohoopsmieten

wejść w związek małżeński

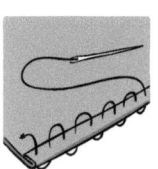

neihen

szyć

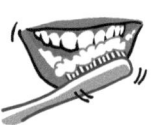

Tähnen putzen

myć zęby

dootmaken

zabić

smöken

palić tytoń

schicken

wysłać

de Familje
Rodzina

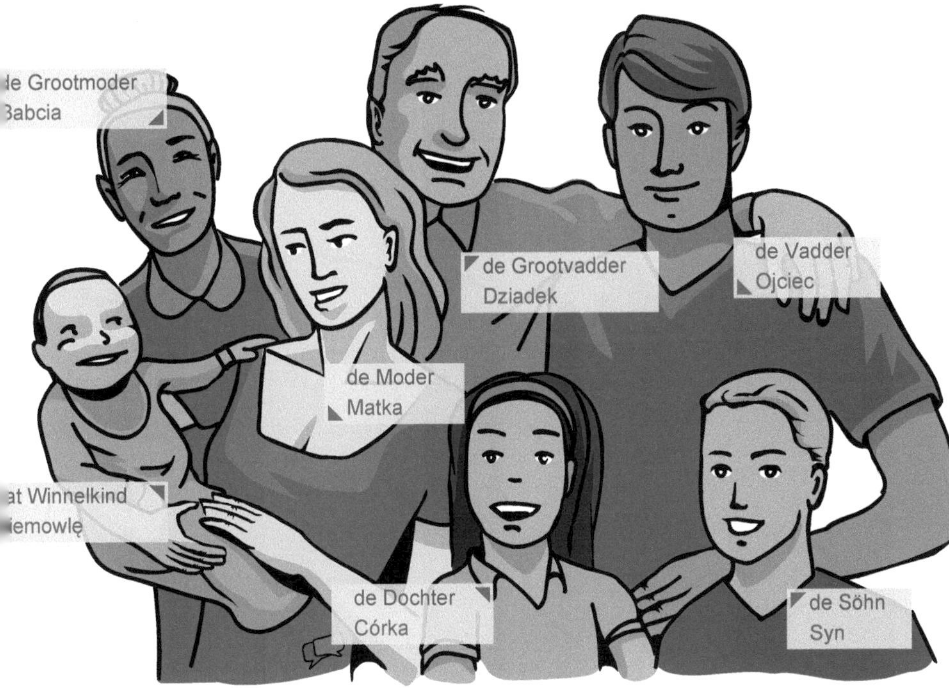
Grootmoder
abcia
de Grootvadder
Dziadek
de Vadder
Ojciec
de Moder
Matka
at Winnelkind
iemowlę
de Dochter
Córka
de Söhn
Syn

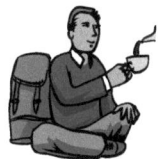

de Gast

Gość

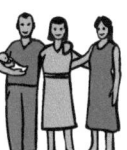

de Tant

Ciotka

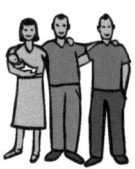

de Unkel

Wujek

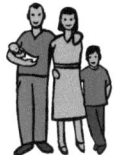

de Broder

Brat

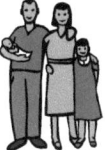

de Süster

Siostra

de Lief

Ciało

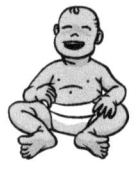

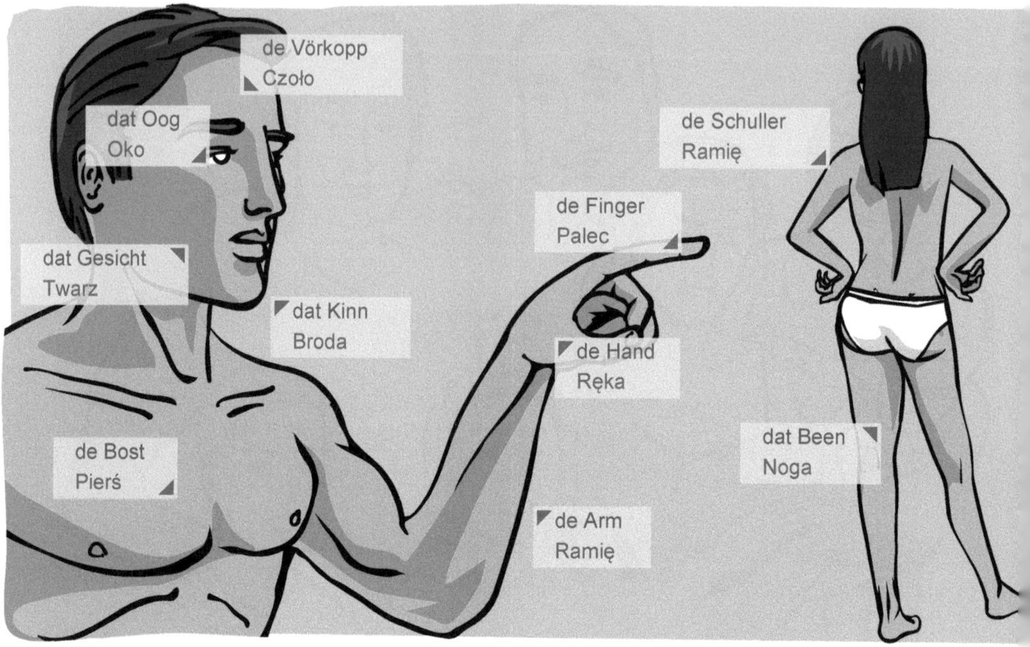
de Vörkopp
Czoło
dat Oog
Oko
de Schuller
Ramię
de Finger
Palec
dat Gesicht
Twarz
dat Kinn
Broda
de Hand
Ręka
dat Been
Noga
de Bost
Pierś
de Arm
Ramię

dat Winnelkind

Niemowlę

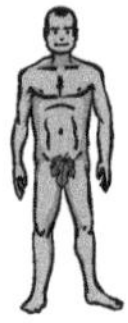

de Mann

Mężczyzna

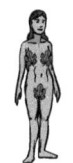

de Fro

Kobieta

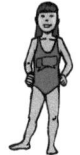

de Deern

Dziewczyna

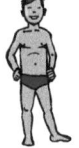

de Jung

Chłopiec

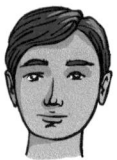

de Arm

Głowa

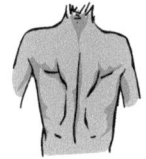

de Rüch

Plecy

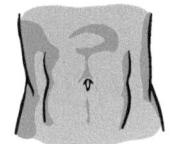

de Buuk

Brzuch

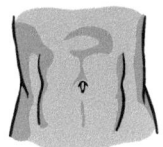

de Navel

Pępek

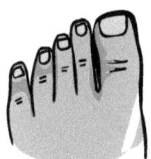

de Teh

palec nogi

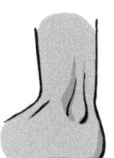

de Hack

Pięta

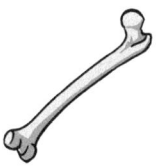

de Knaken

Kość

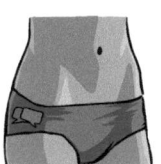

de Hüft

Biodro

dat Knee

Kolano

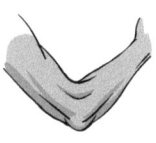

de Ellbagen

Łokieć

de Nees

Nos

de Achtersen

Pośladki

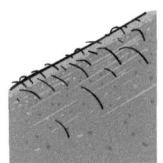

de Huut

Skóra

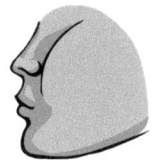

de Back

Policzek

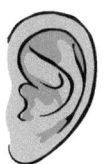

dat Ohr

Uszy

de Lipp

Warga

de Mund

Usta

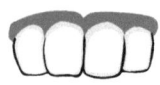

de Tähn

Ząb

de Tung

Język

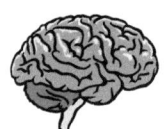

de Bregen

Mózg

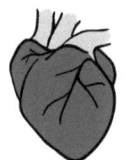

dat Hart

Serce

de Muskel

Mięsień

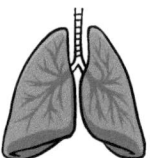

de Lung

Płuca

de Lever

Wątroba

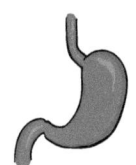

de Maag

Żołądek

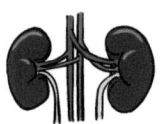

de Neren

Nerki

de Bislaap

Stosunek płciowy

dat Kondoom

Kondom

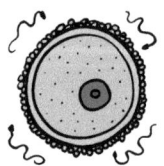

de Eizell

Komórka jajowa

dat Sperma

Sperma

de Anner Ümstänn

Ciąża

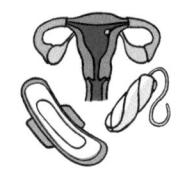

de Menstruatschoon

Menstruacja

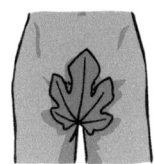

de Scheed

Wagina

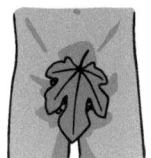

de Pint

Penis

de Ogenbroe

Brew

dat Hoor

Włosy

de Hals

Szyja

dat Krankenhuus
Szpital

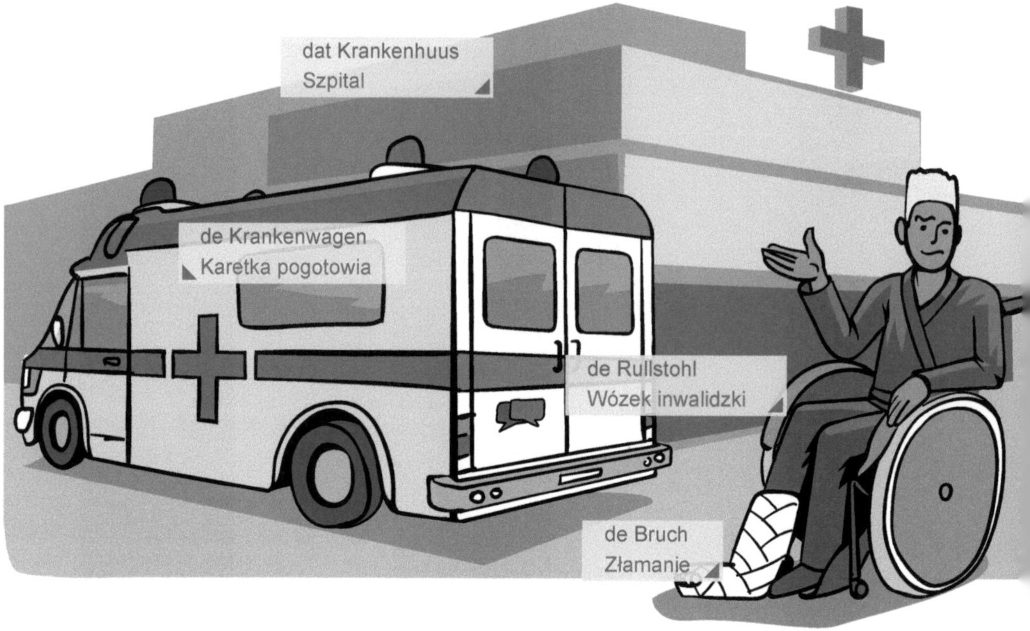

de Dokter

Lekarz

de Nootopnahm

Izba przyjęć

de Krankensüster

Pielęgniarka

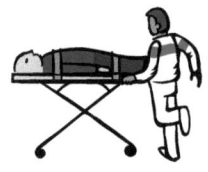

de Nootfall

Nagły przypadek

ahnmächtig

nieprzytomny

de Wehdaag

Ból

de Verwunnen

Skaleczenie

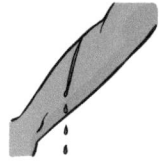

de Blöden

Krwawienie

de Hartinfarkt

Zawał serca

de Slaganfall

Udar mózgu

de Allergie

Alergia

de Hoosten

Kaszleć

dat Fever

Gorączka

de Gripp

Grypa

de Dörchfall

Biegunka

de Koppwehdaag

Ból głowy

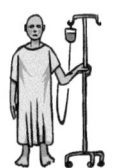

de Kreeft

Rak

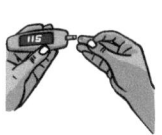

de Zuckersüük

Cukrzyca

de Chirurg

Chirurg

dat Chirurgsch Mess

Skalpel

de Operatschoon

Operacja

dat CT

CT

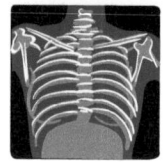

de Dörchlüchten

Rentgen

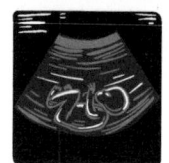

de Ultraschall

Ultradźwięki

de Mask

Maska

de Krankheit

Choroba

de Töövruum

Poczekalnia

de Krück

Kula

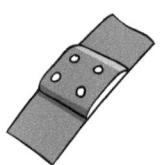

dat Plaaster

Plaster

de Verband

Opatrunek

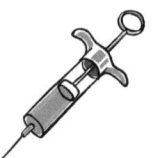

de Insprütten

Iniekcja

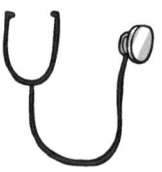

dat Stethoskop

Stetoskop

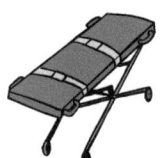

de Draag

Nosze

dat Feverthermometer

Termometr

de Geboort

Poród

dat Övergewicht

Nadwaga

de Höörapparat

Aparat słuchowy

dat Kiemfriemiddel

Środek dezynfekcyjny

de Ansteken

Infekcja

de Virus

Wirus

dat HIV / AIDS

HIV / AIDS

dat Heelmiddel

Medycyna

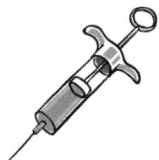

de Impen

Szczepienie

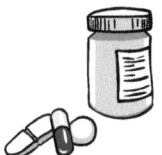

de Tabletten

Tabletki

de Pill

Pigułka

de Nootroop

Telefon ratunkowy

de Blootdruck-Meter

Ciśnieniomierz krwi

krank / gesund

chory / zdrowy

Hölp!

Pomocy!

de Alarm

Alarm

de Överfall

Napad

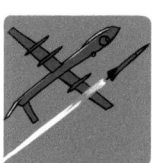

de Angreep

Atak

de Gefohr

Niebezpieczeństwo

de Nootutgang

Wyjście awaryjne

dat Füer!

Pożar!

de Füerlöscher

Gaśnica

de Unfall

Wypadek

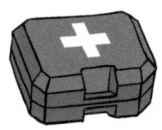

de Noothölpkoffer

Walizeczka pierwszej pomocy

SOS

SOS

de Polizei

Policja

Europa

Europa

Noordamerika

Ameryka Północna

Süüdamerika

Ameryka Południowa

Afrika

Afryka

Asien

Azja

Australien

Australia

de Atlantik

Atlantyk

de Pazifik

Pacyfik

dat Indisch Weltmeer

Ocean Indyjski

dat Antarktisch Weltmeer

Ocean Antarktyczny

dat Arktisch Weltmeer

Ocean Arktyczny

de Noordpol

Biegun północny

de Süüdpol

Biegun południowy

de Antarktis

Antarktyda

de Eerd

Ziemia

dat Land

Kraj

de See

Morze

dat Eiland

Wyspa

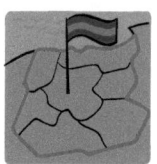

de Natschoon

Naród

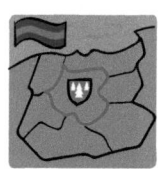

de Staat

Państwo

dat Tallenblatt

Cyferblat

de Stunnenwieser

Wskazówka godzinowa

de Minutenwieser

Wskazówka minutowa

de Sekunnenwieser

Wskazówka sekundowa

Wo laat is dat?

Która godzina?

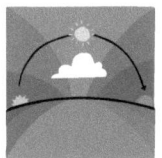

de Dag

Dzień

de Tiet

Czas

nu

teraz

de digetaalsch Klock

Zegarek digitalny

de Minuut

Minuta

de Stunn

Godzina

de Week
Tydzień

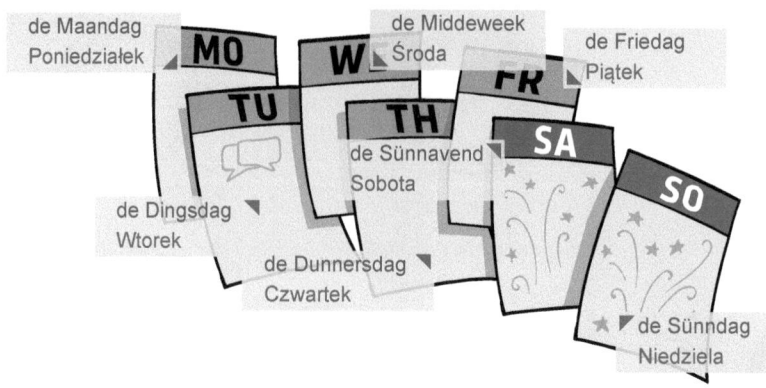

de Maandag
Poniedziałek

de Dingsdag
Wtorek

de Middeweek
Środa

de Dunnersdag
Czwartek

de Friedag
Piątek

de Sünnavend
Sobota

de Sünndag
Niedziela

güstern

wczoraj

hüüt

dzisiaj

morgen

jutro

de Morgen

Rano

de Meddag

Południe

de Avend

Wieczór

de Arbeitsdaag

Dni robocze

dat Wekenenn

Weekend

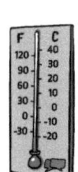

dat Johr
Rok

de Regen
Deszcz
de Regenbagen
Tęcza
de Snee
Śnieg
de Wind
Wiatr
dat Fröhjohr
Wiosna
de Harvst
Jesień
de Sommer
Lato
de Winter
Zima

4.APRIL 11°
5.APRIL 4°
6.APRIL 13°
7.APRIL 8°
8.APRIL 10°

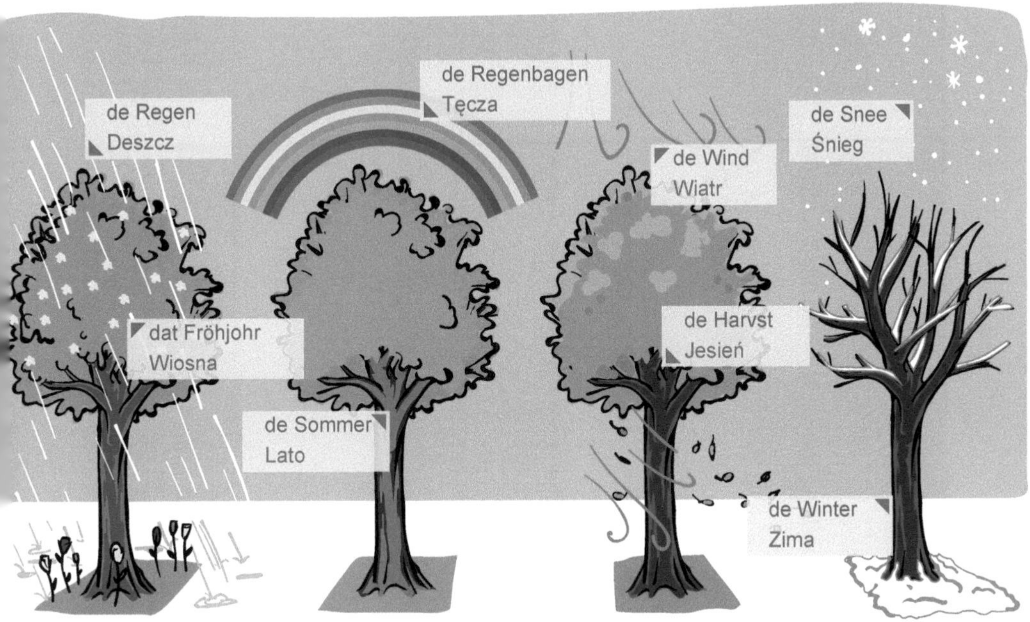

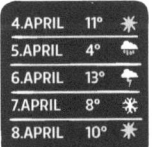

de Wedervörhersaag

Prognoza pogody

F C
120 40
90 30
60 20
30 10
0 0
-30 -10
-20

dat Thermometer

Termometr

de Sünnenschien

Światło słoneczne

de Wulk

Chmura

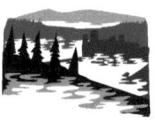

de Nevel

Mgła

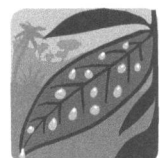

de Luftfuchtigkeit

Wilgotność powietrza

de Blitz

Błyskawica

de Dunner

Grzmot

de Storm

Sztorm

de Hagel

Grad

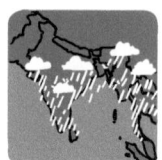

de Monsun

Monsun

de Floot

Potop

dat Ies

Lód

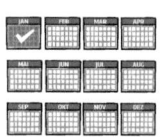

de Januormaand

Styczeń

de Februormaand

Luty

de Martmaand

Marzec

de Aprilmaand

Kwiecień

de Maimaand

Maj

de Junimaand

Czerwiec

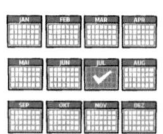

de Julimaand

Lipiec

de Augustmaand

Sierpień

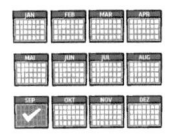

de Septembermaand

Wrzesień

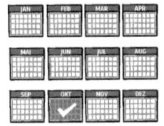

de Oktobermaand

Październik

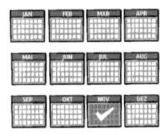

de Novembermaand

Listopad

de Dezembermaand

Grudzień

de Formen
Kształty

de Krink

Koło

dat Quadrat

Kwadrat

dat Rechteck

Prostokąt

dat Dreeeck

Trójkąt

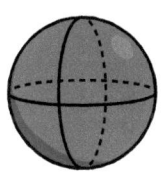

de Kugel

Kula

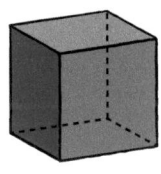

de Wörpel

Sześcian

witt

biały

geel

żółty

orangsch

pomarańczowy

pink

różowy

root

czerwony

lila

liliowy

blau

niebieski

gröön

zielony

bruun

brązowy

gries

szary

swart

czarny

veel / wenig

dużo / mało

böös / verdreeglich

wściekły / spokojny

smuck / mies

piękny / brzydki

de Begünn / dat Enn

początek / koniec

groot / lütt

duży / mały

hell / düüster

jasny / ciemny

de Broder / de Süster

brat / siostra

schier / schietig

czysty / brudny

kumpleet / nich kumpleet

kompletny / niekompletny

de Dag / de Nacht

dzień / noc

doot / lebennig

umarły / żywy

breet / small

szeroki / wąski

geneetbor / nich geneetbor

jadalny / niejadalny

böös / fründlich

zły / uprzejmy

fickerig / langwielt

podniecony / znudzony

dick / dünn

gruby / chudy

toeerst / toletzt

najpierw / na końcu

de Fründ / de Fiend

przyjaciel / wróg

vull / leddig

pełen / pusty

hart / week

twardy / miękki

swoor / licht

ciężki / lekki

de Smacht / de Döst

głód / pragnienie

krank / gesund

chory / zdrowy

nich na't Recht / na't Recht

nielegalny / legalny

klook / dummerhaftig

inteligentny / głupi

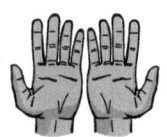

linkerhand / rechterhand

lewo / prawo

neeg / feern

bliski / daleki

nieg / bruukt

nowy / używany

nix / wat

nic / coś

oolt / jung

stary / młody

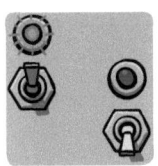

an / ut

włącz / wyłącz

apen / slaten

otwarty / zamknięty

lies / luut

cichy / głośny

riek / arm

bogaty / biedny

richtig / verkehrt

prawidłowy / błędny

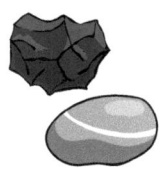

ruug / glatt

chropowaty / gładki

trurig / glücklich

smutny / szczęśliwy

kort / lang

krótki / długi

suutje / flink

powolny / szybki

natt / dröög

mokry/suchy

warm / köhl

ciepły / chłodny

de Krieg / de Freden

wojna / pokój

de Tallen
Liczby

0
null
zero

1
een
jeden

2
twee
dwa

3
dree
trzy

4
veer
cztery

5
fief
pięć

6
söss
sześć

7
söven
siedem

8
acht
osiem

9
negen
dziewięć

10
teihn
dziesięć

11
ölven
jedenaście

12	13	14
twölf	dörteihn	veerteihn
dwanaście	trzynaście	czternaście

15	16	17
föffteihn	sössteihn	söventeihn
piętnaście	szesnaście	siedemnaście

18	19	20
achtteihn	negenteihn	twintig
osiemnaście	dziewiętnaście	dwadzieścia

100	1.000	1.000.000
hunnert	dusend	million
sto	tysiąc	milion

dat Engelsch

Angielski

dat Amerikaansch Engelsch

Angielski amerykański

dat Chineesch Mandarin

Chiński mandaryński

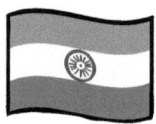

dat Hindi

Hindi

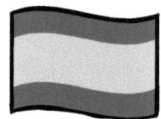

dat Spaansch

Hiszpański

dat Franzöösch

Francuski

dat Araabsch

Arabski

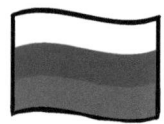

dat Rusch

Rosyjski

dat Portugiesch

Portugalski

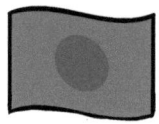

dat Bengaalsch

Bengalski

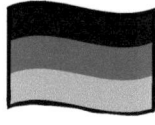

dat Düütsch

Niemiecki

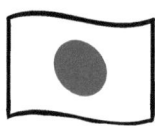

dat Japaansch

Japoński

ik

ja

du

ty

♂ ♀ ○

he / se / dat

on / ona / ono

wi

my

ji

wy

se

oni

keen?

kto?

wat?

co?

woans?

jak?

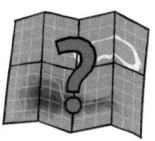

woneem?

gdzie?

wannehr?

kiedy?

HELLO, I AM

de Naam

Nazwisko

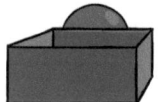

achter

za

in

w

vör

przed

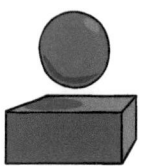

över

powyżej

op

na

ünner

pod

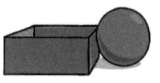

blangen

obok

twüschen

między

de Oort

Miejsce